KREATIV.INSPIRATION.

Die Reihe für alle DIY-Fans und Handarbeitsbegeisterten, die tiefer in ein Thema oder eine Technik einsteigen wollen und die nach Inspiration suchen. Entdecken Sie die Ideenreihe mit einer großen Auswahl an originellen Projekten und Anleitungen. Lassen Sie sich inspirieren und werden Sie kreativ!

BACKMISCHUNGEN

IM GLAS

BREAKFAST
Cookies
Mandelstifte-
Muffins
MIT
Muffins mit
Marmeladen-
TOMATEN
CIABATTA
FITNESS
Stracciatella
Mug Cakes

BACKMiSCHUNG

leckere Geschenke schön verpackt

INHALT

KOKOS
ANANAS
Muffins

VITAL
BRÖTCHEN

BACKMISCHUNGEN IM GLAS – DAS IDEALE GESCHENK!

Etwas selbst Gemachtes ist immer ein schönes Mitbringsel. Ob selbst gebastelt oder selbst gebacken – über so ein kleines Geschenk freut sich jeder. Und warum nicht einmal eine Backmischung verschenken? Mit einer schönen, originellen Verzierung und dem beigefügten Rezept zum Selberbacken wird aus einem Glas ein tolles Geschenk. Und ob der Beschenkte den Inhalt backt oder das gefüllte Glas als Dekoration verwendet, darf er selbst entscheiden.

In diesem Buch finden Sie viele bezaubernde Ideen für Backmischungen im Glas. Ob Süßes oder Pikantes, ob kleiner Keks oder ganzes Brot: Für jeden Naschfreund ist hier das Richtige dabei. Lassen Sie sich von den kreativen Möglichkeiten überraschen. Und wenn Sie Lust haben, die Rezepte nicht nur zu verschenken, sondern selbst nachzubacken – dann tun Sie das einfach!

Wir wünschen Ihnen viel Freude beim Gläser befüllen, verschenken oder beim selbst Naschen!

Anne Iburg

Annika Flebbe

Die Backrezepte zu diesem Buch stehen im **TOPP Download-Center** unter **www.topp-kreativ.de/downloadcenter** nach erfolgter Registrierung zum Ausdrucken bereit. Den Freischalte-Code finden Sie im Impressum.

GRUNDANLEITUNG

GRUNDANLEITUNG

Backmischungen einfüllen

Bevor Sie die Zutaten einfüllen, sollten Sie das Glas gründlich reinigen: Am besten vorher einmal in die Spülmaschine stellen.

Füllen Sie die Zutaten immer in der in der Anleitung vorgegebenen Reihenfolge ein. Grundsätzlich wird jede Schicht angedrückt, bevor die nächste eingefüllt wird. Dies tun Sie am besten mit dem Stößel eines Mörsers oder einem Kochlöffel. Klopfen Sie das Glas immer wieder vorsichtig auf die Arbeitsfläche, damit sich die Zutat gleichmäßig verteilt. Zum Schluss ebnen Sie den Rand mit dem Stielende eines Kochlöffels, damit saubere Übergänge möglich werden. Bevor Sie die nächste Zutat einfüllen, bietet es sich an, das Glas innen nochmals mit einem Stück Küchenpapier zu säubern. Gerade Mehl hinterlässt Spuren, die später als Schleier von außen zu sehen sind.

Achten Sie darauf, dass Sie die Zutaten stets bis zum oberen Rand des Glases einfüllen. So sorgen Sie dafür, dass der Inhalt des Glases zusätzlich auch durch den Deckel gestützt wird und sich die verschiedenen Schichten beim Transport nicht vermischen können.

Die Modelle sind in Schwierigkeitsgrade unterteilt:

● – Schnell und einfach

● ● – braucht etwas länger

● ● ● – für Geübte

Haltbarkeit der Backmischung

Da die Backmischungen aus trockenen Zutaten bestehen, sind Sie in der Regel einige Zeit haltbar. Allerdings ist die Haltbarkeit abhängig von den jeweiligen Einzelzutaten, die sich im Glas befinden. Prüfen Sie, welche Haltbarkeitszeiten auf den Verpackungen angegeben sind, und orientieren Sie sich bei der Berechnung der Gesamthaltbarkeit an dem nächstliegenden Datum.

Die Gläser

In diesem Buch finden je nach Volumen der unterschiedlichen Backmischungen verschiedene WECK-Gläser Verwendung. Grundsätzlich können jedoch alle handelsüblichen Einmachgläser eingesetzt werden. Wichtig ist nur, dass die Gläser gut verschlossen werden können.

Kakao & Milch
SCHOKOLADE
BREAKFAST
Cookies
ZUM
Prinzessinnen Taler
Müsli
RIEGEL

COOKIES & CO.

BREAKFAST-COOKIES

für einen knusprigen Start in den Tag

ZUTATEN

Für 12 Cookies

WECK-Zylinderglas (600 ml)

50 g Weizenmehl (Type 405)

1/2 TL Natron

1/2 TL Backpulver

1 Prise Salz

90 g brauner Zucker

50 g Weizenvollkornmehl

40 g kernige Haferflocken

30 g Cornflakes

50 g grobe Kokosrapsel

ZUM BACKEN

1 Ei (L)

100 g Kokosöl oder Margarine

MATERIAL

Leinenrest in Hellbraun

doppelseitige Klebefolie, Rest

2 Alphabetstempelsets

Textstempel „Zum Genießen“

Stempelkissen in Schwarz und Moosgrün

Schere

Einfüllen

Weizenmehl, Natron, Backpulver und Salz gut mischen, in das Glas einfüllen und andrücken. Die Hälfte des Zuckers, das Vollkornmehl und die andere Hälfte des Zuckers nacheinander dazugeben, dabei die Schichten vor dem Hinzufügen der nächsten Zutat jeweils gut andrücken. Die Haferflocken zugeben und andrücken. Die Cornflakes zuerst mit dem Handballen oder einem Kochlöffel leicht zerdrücken und einfüllen. Zum Schluss die Kokosraspel hinzufügen und andrücken. Das Glas verschließen und verzieren.

Verzieren

1 Ein Stück Leinen auf eine Seite der doppelseitigen Klebefolie kleben und ein 12 cm x 8 cm großes Stück zurechtschneiden.

2 Mit den Alphabetstempeln die Schriftzüge „Breakfast“ in Schwarz und „Cookies“ in Grün auf das Leinen aufstempeln. Mit dem Textstempel „Zum Genießen“ in Schwarz darunter drucken.

3 Die zweite Hälfte der Klebefolie abziehen und das Etikett mittig auf das Glas kleben.

Backen

1 Ei und Kokosöl schaumig schlagen. Die Backmischung unterrühren. Den Backofen auf 180 °C vorheizen.

2 Den Teig mit einem Esslöffel portionsweise abstechen und im Abstand von 8 cm auf ein mit Backpapier ausgelegtes Backblech setzen. Bei 180 °C 15 Minuten backen.

3 Auf dem Blech oder auf einem Kuchengitter auskühlen lassen.

KONFETTI-COOKIES

Kekse für gute Laune

ZUTATEN

Für 20 Cookies

WECK-Sturzglas (850 ml)

200 g Vollkornweizenmehl

1/2 TL Natron

1/2 TL Salz

1/4 TL Vanille, gemahlen

200 g brauner Zucker

200 g Minischokolinsen

ZUM BACKEN

1 Ei

100 g Margarine oder Butter

MATERIAL

Fotokartonrest in Weiß

strukturierte Leinenkartonrest in Türkis, Gelb und Pink

2 Alphabetstempelsets

Stempelkissen in Schwarz

dünnes Jutegarn in Türkis, 25 cm lang

Motivstanzer „Kreis“, ø 7,5 cm (3 Zoll)

Schere

Cuttermesser mit Schneideunterlage

Bürolocher

Papierklebstoff

Verzieren

1 Aus dem weißen Karton einen Kreis ausstanzen und mit der Schere einen ca. 6 cm x 4 cm großen Anhänger zurechtschneiden. An den oberen Ecken abschrägen.

2 Mit dem Cuttermesser aus den farbigen Leinenkartonresten Wellen schneiden und den Kreis und den Anhänger damit bekleben. Mit dem Bürolocher farbige Konfetti herstellen und ebenfalls aufkleben.

3 Kreis und Anhänger mit Alphabetstempeln nach Wunsch beschriften.

4 Den Anhänger lochen und mit dem Jutegarn am Glasrand befestigen.

Einfüllen

Das Vollkornmehl mit Natron, Salz und Vanille vermengen, ins Glas füllen und andrücken. Den Zucker zugeben und andrücken. Zum Schluss die Schokolinsen einfüllen. Das Glas verschließen und verzieren.

Backen

1 Ei und Margarine bzw. Butter schaumig schlagen. Die Backmischung unterrühren. Den Backofen auf 180 °C vorheizen.

2 Den Teig mit einem Esslöffel portionsweise abstechen und im Abstand von 8 cm auf ein mit Backpapier ausgelegtes Backblech setzen.

3 Die Cookies bei 180 °C 15 Minuten im Backofen backen und auf dem Blech oder einem Kuchengitter auskühlen lassen.

KONFETTI
Cookies
FÜR DICH

TRIPLE-CHOCOLATE-BROWNIES

dreifacher Schokoladengenuss

ZUTATEN

Für 24 Brownies

WECK-Zylinderglas (600 ml)

80 g brauner Zucker

140 g Weizenmehl (Type 405)

1 TL Backpulver

1 Päckchen Vanillezucker

20 g Kakao

50 g Schokotropfen

75 g weiße Schokolade

ZUM BACKEN

2 Eier

100 g Margarine

MATERIAL

Kraftkartonrest

Spitzenband in Weiß, 45 cm lang

Bäckergarn in Braun-Weiß, 20 cm lang

Siegellack in Braun

Siegel, Motiv nach Wunsch

Motivstanzer „Kreis", ø 7,5 cm (3 Zoll)

runder Motivstempel „Kakao & Milch"

Stempelkissen in Dunkelbraun

Bürolocher

3 Klebepads, 1 cm x 1 cm

Klebefilm

Schere oder Cuttermesser und Schneideunterlage

Einfüllen

Die Hälfte des braunen Zuckers ins Glas geben und andrücken. Das Weizenmehl mit dem Backpulver und dem Vanillezucker mischen. Die Hälfte dieser Mischung ins Glas geben und andrücken. Den Kakao einfüllen, dann die zweite Hälfte der Mehlmischung und im Anschluss den restlichen Zucker und die Schokotropfen dazugeben. Alle Schichten vor dem Einfüllen der nächsten Zutat gut andrücken. Zum Schluss die weiße Schokolade fein reiben und ebenfalls einfüllen. Das Glas verschließen und verzieren.

Verzieren

1 Für den Anhänger den Motivstempel auf dem Kartonrest abstempeln, rund ausschneiden und mit dem Bürolocher oben lochen. Das Bäckergarn durch das Loch fädeln und den Anhänger damit am oberen Rand des Glases befestigen.

2 Aus dem Kraftkarton einen Kreis ausstanzen. Das Spitzenband mittig auflegen und mit dem heißen Siegellack beträufeln. Das Siegel eindrücken.

3 Auf den Glasdeckel drei Klebepads kleben und den großen Kartonkreis darauf befestigen. Das Spitzenband beidseitig am Glas herunterführen und unter dem Glas mit Klebefilm fixieren.

Backen

1. Eier und Margarine schaumig schlagen. Die Backmischung unterrühren.
2. Den Teig in eine quadratische Backform von 20 cm x 20 cm geben und bei 180 °C etwa 20 Minuten backen.
3. Den gebackenen Teig auskühlen lassen, in der Backform in ca. 3 cm x 3 cm große Quadrate schneiden und die Brownies mit einem Tortenheber aus der Form nehmen. Auf einem Kuchengitter auskühlen lassen.

PRINZESSINNEN-TALER

für die Schönste im ganzen Land

ZUTATEN

Für 30 Taler

WECK-Sturzglas (580 ml)

250 g Weizenmehl (Type 405)

75 g brauner Zucker

85 g Dekorzucker in Rosa-Rot

1 Msp. Salz

25 g Mandeln, gemahlen

ZUM BACKEN

1 Ei

125 g Butter

100 g Puderzucker

1 TL Zitronensaft

MATERIAL

Cupcakeförmchen aus Karton

Glitzerkartonrest in Rosa

Fotokartonreste in Hellrosa und Weiß

Strasssteine in Rosa, 1x ø 8 mm, 7x ø 5 mm, 7x ø 3 mm

Bäckergarn in Rosa-Weiß, 18 cm lang

3 doppelseitige Klebepads, 1 mm stark

Motivstanzer „Herz", ø 2 cm

Bleistift

Schere

Bürohefter

Bastelkleber

Wellenschere

Lochzange

Einfüllen

Die Hälfte des Mehls ins Glas geben und andrücken. Den braunen Zucker hinzufügen und andrücken, den rosa-roten Zucker hinzufügen und andrücken. Salz einstreuen. Die Mandeln hinzufügen und andrücken und zum Schluss das restliche Mehl hinzufügen und andrücken. Das Glas verschließen und verzieren.

Verzieren

1 Den Boden des Cupcakeförmchens herausdrücken. Das Förmchen an einer Seite aufschneiden. Das aufgeschnittene Förmchen als Schablone auf den Glitzerkarton legen. Die Konturen mit Bleistift übertragen und zusätzlich kleine Spitzen malen. Mit der Schere ausschneiden. Mit dem Motivstanzer ein Herz aus der Krone ausstanzen. Die Krone an den Enden mit dem Bürohefter zusammenheften. Die mittleren und kleinen Strasssteine auf die Kronenspitzen kleben. Die fertige Krone mit Bastelkleber auf dem Deckel befestigen.

2 Aus Glitzerkarton einen 6 cm x 3 cm großen Anhänger zuschneiden. Die oberen Ecken abschrägen. Aus dem rosa Karton einen etwas kleineren Anhänger in derselben Form zurechtschneiden und die Ränder mit der Lochzange lochen. Mit der Wellenschere ein kleineres Rechteck aus weißem Karton zuschneiden, mit Klebepads auf dem rosa Karton festkleben und mit dem großen Strassstein verzieren.

3 Die beiden Anhänger übereinanderlegen und mit Bäckergarn am Glasrand befestigen.

Backen

1 Ei, Butter und Backmischung zu einem geschmeidigen Teig verkneten. Zu einer Kugel formen und in Frischhaltefolie eingeschlagen über Nacht im Kühlschrank ruhen lassen.

2 Den Teig auf einer bemehlten Fläche dünn ausrollen und runde Kekse von 5 cm ø ausstechen. Die Taler auf ein mit Backpapier ausgelegtes Blech setzen und im vorgeheizten Backofen bei 200 °C etwa 12 Minuten backen.

3 Für den Zitronenguss Puderzucker und Zitronensaft mischen und die Taler damit überziehen.

POWER-MÜSLIRIEGEL

ganz schön kernig

ZUTATEN

Für 18 Riegel

WECK-Saftflasche (530 ml)

80 g kernige Haferflocken

50 g zarte Haferflocken

40 g Sonnenblumenkerne

50 g Kokosflocken

20 g Sesam

30 g Haselnüsse, gehackt

1 Prise Salz

ZUM BACKEN

150 g Butter

150 g Honig

MATERIAL

Kraftpapieranhänger, 8 cm x 5 cm

Fotokartonreste in Türkis und Türkis gemustert

Motivstanzer „Kreis“, ø 3,8 cm (1 1/2 Zoll), und ø 4,4 cm (1 3/4 Zoll)

Motivstanzer „Blüte“, ø 2,5 cm (1 Zoll)

Metallöse in Silber, ø 4 mm

4 Klebepads, 1 mm stark

2 Alphabetstempelsets

Stempelkissen in Schwarz und Türkis

Einfüllen

Die kernigen Haferflocken in die WECK-Flasche füllen und mit dem Stiel des Kochlöffels sorgfältig andrücken. Die zarten Haferflocken hinzugeben und andrücken. Dann zunächst die Sonnenblumenkerne und anschließend die Kokosflocken einfüllen und jeweils gut andrücken. Den Sesam in die Flasche geben und andrücken. Zum Schluss die Haselnüsse hinzugeben und die Prise Salz einrieseln lassen. Alles noch einmal sorgfältig andrücken. Die Flasche verschließen und verzieren.

Verzieren

1 Aus dem gemusterten Karton einen großen Kreis ausstanzen. Aus dem einfarbigen Karton eine Blüte ausstanzen und das Negativ mit dem kleinen runden Motivstanzer ausstanzen. Diesen Kreis mit Klebepads auf den größeren Kreis und das Ganze mit einem Klebepad auf den Glasdeckel drücken.

2 Den Schriftzug „Müsli“ in Türkis, „Riegel“ in Schwarz aufstempeln. Die Blüte mit der Musterklammer am Anhänger befestigen. Den Anhänger am Flaschenhals fixieren.

Backen

1 Butter und Honig im Topf erwärmen. Die Backmischung hinzufügen und alles miteinander verrühren.

2 Ein Backblech mit Backpapier auslegen, Masse darauf geben, verteilen und zu einer gleichmäßigen, 1 cm dicken Platte formen. Mit dem Teigschaber die Platte in gleich große Rechtecke (ca. 2 cm x 8 cm) unterteilen.

3 3 Das Backblech in die Mitte des kalten Ofens schieben und den Teig bei 150 °C 15-20 Minuten backen. Nach dem Abkühlen die Riegel mit einem Messer auseinanderschneiden.

LEBKUCHEN-NUSSSTANGEN

nicht nur für die Weihnachtszeit

ZUTATEN

Für 25 Stangen

WECK-Delikatessenglas (370 ml)

70 g Walnüsse, grob gemahlen

70 g Zucker

1 Päckchen Vanillezucker

90 g Weizenmehl (Type 405)

1 TL Lebkuchengewürz

1 Msp. Salz

ZUM BACKEN

80 g Butter

MATERIAL

grobes Juteband, 8 cm breit, 16 cm lang

doppelseitiges Klebeband, 6 mm breit, 32 cm lang

grobes Leinenband in Weiß, 3 cm breit, 16 cm lang

Alphabetstempelset

Stempelkissen in Dunkelbraun und Hellbraun

Einfüllen

Die Walnüsse in das Glas geben und andrücken. Zucker und Vanillezucker mischen, hinzufügen und andrücken. Das Mehl einfüllen, andrücken und zum Schluss das Lebkuchengewürz und das Salz hinzufügen. Das Glas verschließen und verzieren.

Verzieren

1. Das Juteband mit doppelseitigem Klebeband mittig um das Glas kleben.
2. Das weiße Leinenband mit den Alphabetstempeln Dunkel- und Hellbraun bestempeln. Mit doppelseitigem Klebeband mittig auf das Juteband kleben.

Backen

1. Die Butter mit der Backmischung verkneten und alles zu einer Kugel formen. In Frischhaltefolie eingeschlagen eine Stunde im Kühlschrank ruhen lassen.
2. Den Teig auf einer bemehlten Arbeitsfläche zu Stangen mit 2 cm Durchmesser ausrollen und diese in je 5 cm lange Stücke schneiden.
3. Die Stangen im vorgeheizten Backofen bei 200 °C etwa 10 Minuten backen.

NUSSSTANGEN

FLORENTiNER

kandiertes „mit Biss"

ZUTATEN

Für 30 Florentiner

WECK-Schmuckglas (560 ml)

100 g Zucker

60 g Haselnussblättchen

70 g Mandelblättchen

10 g Mandeln gemahlen

30 g Zitronat

40 g Orangeat

30 g Belegkirschen

ZUM BACKEN

30 g Butter

80 ml Sahne

50 g Zartbitterkuvertüre

MATERIAL

Fotokartonreste in verschiedenen Brauntönen

Kartonanhänger in Beige, 8 cm x 5 cm

Motivstanzer „Blume", ø 2,5 cm (1 Zoll)

6 Musterklammern in Silber, ø 2 mm

6 Klebepads, 1 mm stark

Fineliner in Braun

Einfüllen

Alle Zutaten in der angegebenen Reihenfolge ins Glas füllen. Jede der Schichten nach dem Einfüllen sorgfältig andrücken. Die Belegkirschen vor dem Einfüllen vierteln. Das Glas verschließen und verzieren.

Verzieren

1. Aus dem Fotokarton 12 Blumen in verschiedenen Brauntönen ausstanzen. Je zwei, leicht versetzt, mit einer Musterklammer zusammenheften. Fünf der Blumen mit Klebepads seitlich auf dem Glas fixieren.
2. Den Anhänger mit Fineliner beschriften und mit der sechsten Blume verzieren. Am oberen Glasrand befestigen.

Backen

1. Butter und Sahne in einen Topf geben und erhitzen. Sobald die Mischung kocht, die Backmischung zufügen. Das Ganze auf mittlerer Temperatur so lange köcheln lassen, bis die Masse gebunden ist.
2. Ein Backblech mit Backpapier auslegen. Mit zwei Teelöffeln kleine Häufchen auf das Backblech setzen. Im auf 180 °C vorgeheizten Backofen 15 Minuten backen. Auskühlen lassen.
3. Kuvertüre grob hacken und im heißen Wasserbad schmelzen. Die Unterseite der Florentiner mit Kuvertüre bestreichen.

Florentiner

CANTUCCINI
mit
Pistazie +
getr. Kirschen

PISTAZIEN-KIRSCH-CANTUCCINI

süße italienische Verführung

ZUTATEN

Für 30 Cantuccinis

WECK-Sturzglas (580 ml)

250 g Weizenmehl (Type 405)

1 TL Backpulver

150 g Zucker

1 Päckchen Vanillezucker

1 Prise Salz

50 g Pistazienkerne

80 g getrocknete Kirschen

ZUM BACKEN

2 Eier

100 g Butter

MATERIAL

Fotokartonreste in Schwarz, Weiß, Rot und Grün

Dekoband in Weiß mit schwarze Sternchen, 1,5 cm breit, 20 cm lang

Motivstanzer „Stern", ø 6,5 cm, „Kreis", ø 5 cm (2 Zoll), und „Kirsche", 2,5 cm hoch

Fineliner in Schwarz

9 Klebepads, 1 mm stark

Schere

Einfüllen

Mehl und Backpulver mischen und die Mischung ins Glas füllen. Andrücken. Den Zucker mit dem Vanillezucker und dem Salz mischen und ebenfalls in das Glas geben. Sorgfältig mit dem Mörser oder dem Stiel eines Kochlöffels andrücken. Anschließend die Pistazien grob hacken und in das Glas geben. Andrücken. Als letzte Schicht die Kirschen dazugeben und vorsichtig andrücken. Das Glas verschließen und verzieren.

Verzieren

1 Aus dem schwarzen Karton einen Kreis ausstanzen, aus dem weißen einen Stern.

2 Die Kirsche einmal aus rotem und einmal aus grünem Karton ausstanzen. An der grünen Kirsche die Früchte abschneiden und die Stängel auf die rote Kirsche kleben.

3 Den Stern mit Fineliner beschriften. Die Kirsche mit Klebepads auf den Stern und den Stern auf dem Kreis befestigen. Das Band unter den Kreis legen und mit Klebepads auf dem Glasdeckel festkleben.

Backen

1 Eier und Butter schaumig schlagen. Die Backmischung unterrühren.

2 Den Teig auf einer bemehlten Arbeitsfläche zu Stangen ausrollen (ø 3 cm) und auf ein mit Backpapier ausgelegtes Backblech legen. Im auf 170 °C vorgeheizten Backofen 15–20 Minuten backen.

3 Die Stangen herausnehmen, etwas abkühlen lassen und leicht schräg in etwa 1 cm dicke Scheiben schneiden. Dann zurück auf das Backblech legen und weitere 15 Minuten backen.

CRANBERRY-MANDEL-HÄUFCHEN

leckeres mit Beeren

ZUTATEN

Für 16 Kekse

WECK-Saftflasche (530 ml)

75 g Zucker

125 g Weizenmehl (Type 405)

80 g Cranberrys, getrocknet

60 g Mandelstifte

2 EL Kakao

ZUM BACKEN

1 Ei

100 g Butter

MATERIAL

Kraftpapier, A4

Fotokartonreste in Weiß

Dekoband in Rot-Weiß kariert, 5 mm breit, 20 cm lang

Spitzenband in Weiß, 2 cm breit, 10 cm lang

Motivstanzer „Kreis“, ø 5 cm (2,5 Zoll) und ø 7,5 cm (3 Zoll)

Ösenzange

ggf. Metallöse

Verzieren

1 Mit dem Computer den Schriftzug auf einer Fläche von 7,5 cm x 7,5 cm entwerfen und auf Kraftpapier ausdrucken.

2 Mit dem kleinen Motivstanzer passend ausstanzen. Aus dem weißen Karton einen größeren Kreis ausstanzen. Den braunen auf den weißen Kreis legen, mit der Ösenzange lochen und ggf. eine Metallöse einschlagen.

3 Das karierte Band durch die Öse fädeln. Das Spitzenband einmal mittig knicken und in das karierte Band einbinden. Mit dem karierten Band am oberen Glasrand befestigen.

Einfüllen

Den Zucker in die Saftflasche einfüllen und andrücken. Anschließend zunächst das Mehl und dann die Cranberrys hinzufügen und andrücken. Mit den Mandelstiften auffüllen und zum Schluss das Kakaopulver hinzufügen. Die Flasche verschließen und verzieren.

Backen

1 Ei und Butter schaumig schlagen. Die Backmischung unterrühren.

2 Ein Backblech mit Backpapier auslegen. Mit zwei Teelöffeln kleine Teighäufchen auf das Backblech setzen.

3 Die Kekse im auf 180 °C vorgeheizten Backofen etwa 20 Minuten backen, herausnehmen, abkühlen lassen und bei Bedarf mit etwas Puderzucker bestäuben.

Cranberrie-
Mandelstifte-
Häufchen

SCHOKO-MARSHMALLOW
KOKOS
ANANAS
Muffins
MIT
ZITRONE
Karamell-Schoko Muffins
AUS MEINER Küche
Stracciatella
MugCakes

MUFFINS & KUCHEN

SCHOKO-MARSHMALLOW-MUFFINS

ein schaumig-süßes Vergnügen

ZUTATEN

Für 8 Muffins

WECK-Zylinderglas (600 ml)

75 g Weizenmehl (Type 405)

1/4 TL Natron

1/4 TL Backpulver

1 Prise Salz

100 g brauner Zucker

100 g dunkle Schokolade (50 % Kakao)

75 g Vollkornmehl

15 g Kakaopulver

30 g Mini-Marshmallows

ZUM BACKEN

1 Ei

70 ml Rapsöl

150 ml Buttermilch

8 Muffinförmchen aus Papier

MATERIAL

Fotokartonreste in Weiß und Braun

Dekoband in Braun-Weiß gepunktet, 1,3 cm breit, 50 cm lang

Motivstempel „Schokolade"

Stempelkissen in Dunkelbraun

Motivstanzer „Kreis", ø 3,5 cm (1 3/8 Zoll) und ø 4,4 cm (1 3/4 Zoll)

Fineliner in Schwarz

2 Klebepads, 1 mm stark

Einfüllen

Alle Zutaten in der hier angegebenen Reihenfolge einfüllen und andrücken: erste Hälfte der Mehlmischung (Weizenmehl, Natron, Backpulver und Salz vermengen), erste Hälfte des Zuckers, gehackte Schokolade, zweite Hälfte der Mehlmischung, zweite Hälfte des Zuckers, Vollkornmehl, Kakaopulver, Mini-Marshmallows. Das Glas verschließen und verzieren.

Verzieren

1 Das Schokoladenmotiv auf weißen Karton stempeln und mit dem kleinen Kreisstanzer ausstanzen. Mit Fineliner beschriften.

2 Einen größeren braunen Kreis ausstanzen.

3 Das gepunktete Band mit den Klebepads zwischen den Kreisen befestigen, beidseitig am Glas nach unten führen und mit Klebepads am Glasboden festkleben.

Backen

1 Ei, Rapsöl und Buttermilch verquirlen. Die Backmischung unterrühren.

2 Den Backofen auf 180 °C vorheizen. Ein Muffinblech mit Backförmchen auslegen und den Teig auf die Vertiefungen verteilen.

3 Die Muffins bei 180 °C 20 Minuten im Backofen backen. Im Blech oder auf einem Kuchengitter auskühlen lassen.

SCHOKO-MARSHMALLOW

KOKOS-ANANAS-MUFFINS

exotisches aus dem Glas

ZUTATEN

Für 6 Muffins

WECK-Saftflasche (530 ml)

150 g Weizenmehl

1 TL Backpulver

1/2 TL Natron

1/2 TL abgeriebene Zitronenschale

90 g brauner Zucker

40 g Kokosflocken

100 g Ananasstückchen, getrocknet

ZUM BACKEN

1 Ei

50 ml Rapsöl

150 g Joghurt

6 Muffinförmchen aus Papier

MATERIAL

Kraftpapier, A4

Fotokarton in Grün, 15 cm x 10 cm

Satinband in Grün, 1 cm breit, 20 cm lang

Organzaband in Grün, 5 mm breit, 20 cm lang

Bleistift

Cuttermesser mit Schneideunterlage

Ösenzange

ggf. Metallöse

Klebstoff

Einfüllen

Das Weizenmehl mit dem Natron, dem Backpulver und der Zitronenschale mischen. In die Flasche einfüllen, mit einem Kochlöffel andrücken. Den Zucker dazugeben und andrücken. Anschließend die Kokosflocken und danach die klein geschnittenen Ananasstückchen in die Flasche geben und leicht andrücken. Die Flasche verschließen und verzieren.

Verzieren

1 Mit dem Computer die Schriftzüge auf einer Fläche von 7 cm x 8 cm gestalten und auf Kraftpapier ausdrucken.

2 Um die Schrift herum mit Bleistift die Silhouette einer Ananas zeichnen und mit einem Cuttermesser ausschneiden. Die Ananas auf den grünen Karton kleben und die Konturen mit einem Abstand von 2 mm zur Außenkante der braunen Ananas ausschneiden.

3 Den Anhänger mit der Ösenzange lochen und ggf. eine Metallöse einschlagen. Beide Bänder am Glashals verknoten und dann von hinten durch das Loch des Anhängers fädeln. Vorne zu einer Schleife binden.

Backen

1 Das Ei mit dem Rapsöl verrühren, danach den Joghurt und zum Schluss die Backmischung unterrühren.

2 Den Backofen auf 180 °C vorheizen. Ein Muffinblech mit Backförmchen auslegen und den Teig auf die Vertiefungen verteilen.

3 Die Muffins bei 180 °C 20 Minuten im Backofen backen und im Blech oder auf einem Kuchengitter auskühlen lassen.

KARAMELL-SCHOKO-MUFFINS

für große und kleine Naschkatzen

ZUTATEN

Für 6 Muffins

WECK-Delikatessenglas (370 ml)

90 g Weizenmehl (Type 405)

1 TL Backpulver

1 Msp. Salz

30 g Blockschokolade

40 g Zucker

50 g weiche Karamellbonbons

20 g blütenzarte Haferflocken

ZUM BACKEN

1 Ei (S)

30 ml Rapsöl

150 g Joghurt

6 Muffinförmchen aus Papier

MATERIAL

Papierreste in verschiedenen Brauntönen

Pergamentrest

Kartonanhänger, 6 cm x 4 cm

Küchenstempel „Aus meiner Küche“

Brad in Braun, ø 8 mm

8 Klebepads, 1 mm stark

Lackstift in Weiß, ø 0,7 mm

Stempelkissen in Schwarz

Bleistift

Schere

Einfüllen

Das Weizenmehl mit Backpulver und Salz mischen und in das Glas füllen, mit einem Kochlöffel andrücken. Die Blockschokolade fein hacken, dazugeben und andrücken. Den Zucker hinzufügen und andrücken. Die Karamellbonbons in kleine Würfel schneiden, in das Glas geben und leicht andrücken. Zum Schluss die Haferflocken einfüllen. Das Glas verschließen und verzieren.

Verzieren

1 Mit Bleistift vier Blütenformen in unterschiedlichen Größen auf Papier in verschiedenen Brauntönen und Pergament aufzeichnen und ausschneiden. Die Blüten der Größe nach mit Klebepads zu einer großen Blüte zusammenkleben und mittig mit dem braunen Brad verzieren. Die Blüte mit Klebepads auf den Glasdeckel kleben.

2 Den Anhänger mit Lackstift beschriften, mit dem Stempel bedrucken und an einer der Verschlussklammern befestigen.

Backen

1 Das Ei mit dem Rapsöl verrühren, danach den Joghurt und abschließend die Backmischung unterrühren.

2 Den Backofen auf 180 °C vorheizen. Ein Muffinblech mit Backförmchen auslegen und den Teig auf die Vertiefungen verteilen.

3 Die Muffins bei 180 °C 20 Minuten im Backofen backen und im Blech oder auf einem Kuchengitter auskühlen lassen.

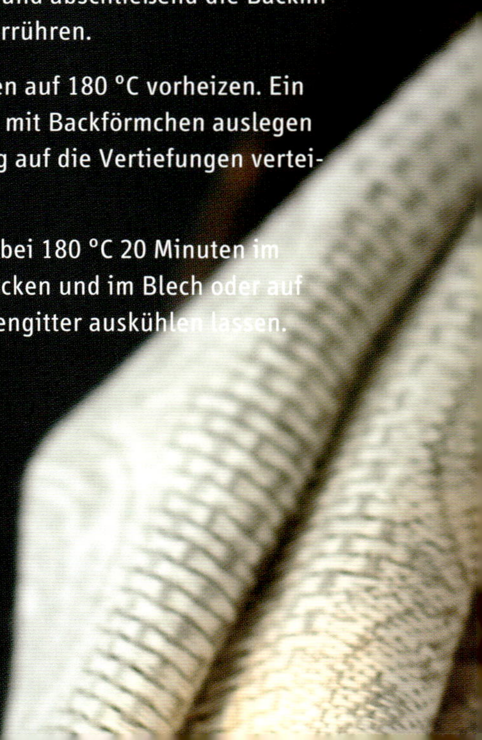

Karamell-
Schoko Muffins
AUS MEINER Küche

MUFFINS MIT MARMELADEFÜLLUNG

ZUTATEN

Für 10 Muffins

WECK-Saftflasche (530 ml)

Marmeladenglas nach Wunsch

150 g Weizenmehl (Type 405)

1/2 TL Natron

1 TL Backpulver

90 g brauner Zucker

50 g zarte Haferflocken

50 g Haselnüsse, fein gemahlen

ZUM BACKEN

1 Ei

50 ml Rapsöl

150 g Joghurt

10 TL rote Marmelade

MATERIAL

Fotokartonrest in Rot

Kartonrest in Rot-Weiß kariert

Kartonanhänger in Weiß, 8 cm x 5 cm

Bäckergarn in Rot-Weiß

Einweglöffel aus Holz, 11 cm lang

Motivstanzer „Kreis“, ø 4,4 cm (1 3/4 Zoll) und 5 cm (2 Zoll)

Motivstanzer „Herz“, ø 2 cm

Holzstempel „Probier mich“

Fineliner in Dunkelbraun

10 Klebepads, 1 mm stark

Einfüllen

Das Weizenmehl mit dem Natron und dem Backpulver mischen und in die Flasche füllen, mit einem Kochlöffel andrücken. Den Zucker dazugeben und andrücken. Die Haferflocken hinzufügen und andrücken. Die Haselnüsse in die Flasche geben und ebenfalls leicht andrücken. Die Flasche verschließen und verzieren.

Verzieren

1 Aus dem roten Karton einen großen Kreis ausstanzen. Aus dem karierten Karton ein Herz ausstanzen und das Negativ mit dem kleinen Kreisstanzer ausstanzen. Den Kreis mit Klebepads auf den roten Kreis und das Ganze auf den Flaschendeckel kleben.

2 Den Anhänger mit Fineliner beschriften. Das karierte Herz auf den Anhänger kleben. Den Anhänger mit Bäckergarn am Flaschenhals befestigen.

3 Den Marmeladenglasdeckel wie in Schritt 1 beschrieben dekorieren. Den Löffel bestempeln und mit Bäckergarn anbinden.

Backen

1 Ei und Rapsöl verrühren. Den Joghurt und anschließend die Backmischung unterrühren.

2 Den Backofen auf 180 °C vorheizen. Ein Muffinblech mit Backförmchen auslegen und die Hälfte des Teigs auf die Vertiefungen verteilen. Jeweils 1 TL rote Marmelade einfüllen und den restlichen Teig auf die Vertiefungen verteilen.

3 Die Muffins bei 180 °C 20 Minuten im Backofen backen und im Blech oder auf einem Kuchengitter auskühlen lassen.

Muffins mit Marmeladen-füllung
probier mich...

STRACCIATELLA-MUG-CAKES

ganz schnell aus der Mikrowelle

Einfüllen

Zuerst die gemahlenen Mandeln in das Glas füllen und gut mit dem Stiel eines Kochlöffels oder einem Mörser andrücken. Dann das Mehl und das Backpulver mischen und hinzugeben. Andrücken. Den Zucker einfüllen und ebenfalls sorgfältig andrücken. Zum Schluss die Schokostreusel einrieseln lassen und auch die letzte Schicht gut andrücken. Das Glas verschließen und verzieren.

Verzieren

1 Das Bananenpapier etwas knittern und crashen und mittig um das Glas wickeln. 20 cm Juteband abschneiden, zur Seite legen. Das Bananenpapier nun mehrfach mit dem längeren Stück Juteband umwickeln. Das Band vorne verknoten und den Knopf einbinden.

2 Am Computer einen dunkelbraunen Schriftzug kreieren, auf das Tonpapier drucken und mit der Schere unregelmäßig rechteckig ausschneiden. Die Ecken abschrägen. Aus dem braunen Karton einen ähnlichen, größeren Anhänger ausschneiden. Die Ecken abschrägen, die untere Kante abreißen. Der Look darf ruhig etwas „spröde“ wirken.

3 Den weißen auf den braunen Anhänger legen, mit der Ösenzange lochen und ggf. eine Öse einschlagen. Am Glashals befestigen.

ZUTATEN

Für 2 Kuchen

WECK-Delikatessenglas (200 ml)

20 g Mandeln, gemahlen

50 g Weizenmehl (Type 405)

1/2 TL Backpulver

40 g Zucker

2 EL Schokostreusel

ZUM BACKEN

1 Ei

1 EL Rapsöl

2 EL Milch

1 TL Orangenlikör nach Wunsch

2 Keramik-Mugs

MATERIAL

Bananenpapier in Braun, 18 x 10 cm

dünnes Juteband, 80 cm lang

dekorativer Holzknopf in Dunkelbraun, ø 3 cm

Tonpapier in Natur, A4

Fotokartonrest in Dunkelbraun

Ösenzange

ggf. Metallöse

Schere

Backen

1 Ei, Rapsöl und Milch verquirlen. Die Backmischung hinzufügen und alles gut verrühren. Nach Wunsch Orangenlikör zugeben.

2 Den Teig in zwei Mugs füllen. Die Becher sollten etwa zur Hälfte mit Teig gefüllt sein.

3 Die Becher ohne Deckel einzeln in die Mikrowelle stellen und bei 750 Watt etwa 2 Minuten garen.

VERSUNKENER OBSTKUCHEN

fruchtige Überraschung aus dem Glas

ZUTATEN

Für 1 Sprinform

WECK-Sturzglas (580 ml)

30 g Amarettini

200 g Weizenmehl

1/2 Päckchen Backpulver

110 g Zucker

1 Prise Salz

50 g Mandeln, gemahlen

ZUM BACKEN

1 Glas Sauerkirschen (350 g Abtropfgewicht) oder 750 g Äpfel

3 Eier

150 g Margarine

80 ml Milch

1 EL Puderzucker

MATERIAL

Stoff in Rosa-Weiß kariert, 15 cm x 15 cm

Satinband in Grün, 3 mm breit, 25 cm lang

Fotokartonrest in Rosa

Bäckergarn in Rosa-Weiß, 25 cm lang

Bleistift

Schere oder Cuttermesser mit Schneideunterlage

Ösenzange

ggf. Metallöse

Einfüllen

Die Amarettini in einen Gefrierbeutel geben und mit dem Nudelholz bröselig klopfen. In das Glas einfüllen. Das Mehl mit dem Backpulver mischen, zur Hälfte hinzugeben und andrücken. Den Zucker und das Salz mischen, einfüllen und andrücken. Zum Schluss erst das restliche Mehl und danach die Mandeln dazugeben und andrücken. Das Glas verschließen und verzieren.

Verzieren

1 Aus dem Stoff einen Kreis (ø 15 cm) ausschneiden. Mit dem grünen Satinband und dem Bäckergarn am Glasrand festbinden.

2 Auf dem Fotokarton drei Blüten in verschiedenen Größen aufzeichnen und ausschneiden. Die Blütenblätter nach Größe sortiert übereinanderlegen und mittig lochen. Ggf. eine Metallöse einschlagen.

3 Die Blüte auf den Knoten legen und das Satinband nach vorne durchfädeln. Vor der Blüte eine Schleife binden.

Backen

1 Sauerkirschen abtropfen lassen bzw. Äpfel schälen und vierteln.

2 Eier und Margarine schaumig schlagen. Die Backmischung und die Milch unterrühren. Eine Springform einfetten und bemehlen. Den Teig einfüllen. Das Obst gleichmäßig über den Teig verteilen.

3 Im vorgeheizten Backofen bei 180 °C etwa 45 Minuten backen. Auskühlen lassen und mit 1 EL Puderzucker bestäuben.

ROTWEINKUCHEN

... und dieser Duft!

ZUTATEN

Für 1 Kastenform

WECK-Zylinderglas (600 ml)

100 g brauner Zucker

150 g Weizenmehl (Type 405)

1/2 Päckchen Backpulver

1/2 TL Zimt

1 Msp. Kardamom, gemahlen

1 EL Kakao

100 g Schokoladenraspel

ZUM BACKEN

3 Eier

125 g Butter

80 ml Rotwein (alternativ 40 ml Milch und 40 ml Amaretto)

1 EL Puderzucker

MATERIAL

bedrucktes Leinenband, 4 cm breit, 16 cm lang

Ripsband in Beerenton, 1,5 cm breit, 35 cm lang

Leinenzwirn in Schwarz, 35 cm lang

12 kleine Perlen in Schwarz, Transparent und Beerentönen

Fotokartonrest in Beerenton und Schwarz

2 Alphabetstempelsets

Stempelkissen in Schwarz und Beerenton

Motivstanzer „Küchenutensil“ (alternativ: Dekoanhänger aus Acryl oder Holz)

Bastelkleber

Schere

Einfüllen

Den Zucker in das Glas einfüllen und andrücken. Das Mehl mit dem Backpulver mischen, dazugeben und ebenfalls andrücken. Die Gewürze, den Kakao und die Schokoladenraspel mischen und hinzufügen. Das Glas verschließen und verzieren.

Verzieren

1 Das bedruckte Leinenband unterhalb der Glaswölbung um das Glas kleben. Das Ripsband darüber legen und seitlich mit dem schwarzen Leinenzwirn verknoten. Die Enden des Leinenzwirns mit Perlen verzieren.

2 Aus dem beerenfarbenen Karton ein langes, schmales Etikett (13 cm x 4 cm) schneiden und mit Stempeln beschriften.

3 Nach Wunsch mit dem Motivstanzer aus dem schwarzen Karton ein Küchenmotiv ausstanzen. Etikett und weitere Dekoelemente mit Leinenzwirn am Glas befestigen.

Backen

1 Eier und Butter schaumig schlagen. Erst die Backmischung unterrühren, dann den Rotwein hinzugeben.

2 Eine Kastenform (18 cm) einfetten und bemehlen. Den Teig darin verteilen. Im vorgeheizten Backofen bei 180°C etwa 35 Minuten backen. Abkühlen lassen.

3 Mit 1 EL Puderzucker bestäuben.

ROTWEIN
kuchen

WELLNE
KNÄCKEBROT
Kürbis
Sportler
Staugen
FITNESS Brot
TOMATEN
CIABATTA

PIKANT & HERZHAFT

TOMATEN-CIABATTA

ein Hauch von Süden

ZUTATEN

Für 2 kleine Brote

WECK-Sturzglas (850 ml)

250 g Weizenmehl (Type 405)

1 Päckchen Trockenhefe

1 TL Zucker

150 g Maisgrieß

1 TL Salz

1 EL getrocknete Kräuter der Provence

80 g getrocknete Tomaten

ZUM BACKEN

6 EL Olivenöl

250 –280 ml Wasser

MATERIAL

Fotokartonreste in Rot und Grün

Leinengarn in Grün

Alphabet-Bänderstempel

Stempelkissen in Schwarz

Bleistift

Cuttermesser mit Schneideunterlage

Bastelkleber

Ösenzange

ggf. Metallöse

Einfüllen

Das Mehl mit der Trockenhefe und dem Zucker mischen. Den Maisgrieß mit dem Salz und den Kräutern vermengen. Zuerst die eine Hälfte der Mehlmischung in das Glas geben und andrücken, dann den Grieß hinzufügen. Das restliche Mehl einfüllen. Die getrockneten Tomaten klein schneiden und hinzugeben. Das Glas verschließen und verzieren.

Verzieren

1 Auf roten Fotokarton die Silhouette einer Tomate aufzeichnen (10 cm x 7 cm) und mit dem Cuttermesser ausschneiden. Ggf. an den Rändern Bögen herausschneiden, die die Rundungen der Tomate hervorheben. Aus grünem Karton den Stielansatz ausschneiden und auf die Tomate kleben.

2 Auf dem Bänderstempel die Beschriftung einstellen und auf der Tomate abstempeln. Die Tomate mit der Ösenzange am Stielansatz lochen und ggf. eine Metallöse einschlagen.

3 Den Anhänger mit dem Leinengarn am oberen Glasrand befestigen.

Backen

1 Die Backmischung mit Olivenöl und Wasser zu einem geschmeidigen Teig verarbeiten. Diesen so lange gehen lassen, bis sich sein Volumen verdoppelt hat.

2 Den Backofen auf 250 °C vorheizen. Den Teig halbieren, zu zwei länglichen Laiben formen, auf ein mit Backpapier ausgelegtes Backblech geben und erneut gehen lassen.

3 Den Backofen auf 200 °C runterschalten und die Brotlaibe 20–25 Minuten backen. Auskühlen lassen und frisch servieren.

TOMATEN
CIABATTA
WECK

KÜRBIS-SPORTLERSTANGEN

ideal für unterwegs

ZUTATEN

Für 8 Stangen

WECK-Zylinderglas (600 ml)

50 g Haferkleie

25 g Sojamehl

15 g Chia-Samen

200 g Weizenvollkornmehl

7 g Trockenhefe

1 TL Zucker

40 g Kürbiskerne, gehackt

1/2 TL Salz

60 g Weizenmehl (Type 405)

ZUM BACKEN

200 ml lauwarmes Wasser

MATERIAL

Holzpapier, 12 cm x 12 cm

Leinenstoff in Dunkelbraun, 8 cm x 8 cm

Baumwollstoff oder stoffähnliche Serviette in Weiß, 6 cm x 6 cm

Kartonanhänger in Natur, 5 cm x 4 cm

Bäckergarn in Weiß-Braun, 20 cm lang

Musterklammer in Silber, ø 8 mm

6-7 Klebepads, 1 mm stark

Fineliner in Dunkelbraun

Cuttermesser mit Schneideunterlage oder Schere

Bleistift

Einfüllen

Zuerst die Haferkleie in das Glas füllen und andrücken. Das Sojamehl hinzugeben und andrücken. Die Chia-Samen und die eine Hälfte des Vollkornmehls einfüllen und andrücken. Dann nacheinander die Hefe, den Zucker und die Kürbiskerne in das Glas geben. Andrücken. Zum Schluss erst das mit dem Salz vermischte Weizenmehl und dann das restliche Vollkornmehl hinzufügen. Andrücken. Das Glas verschließen und verzieren.

Verzieren

1. Auf den drei unterschiedlichen Materialien mit Bleistift je ein abstraktes Blütenmotiv aufzeichnen, dabei die größte Blume auf das Holzpapier zeichnen. Die Größen der Blüten so unterschiedlich gestalten, dass die Materialien der drei Lagen gut sichtbar sind.
2. Die Blütenmotive ausschneiden, übereinanderlegen und mit Hilfe der Musterklammer befestigen. Die Blüte mit Klebepads auf das Glas kleben.
3. Den Anhänger mit Fineliner beschriften und mit dem Bäckergarn am Glas befestigen.

Backen

1. Die Backmischung mit lauwarmem Wasser zu einem Teig verkneten. Den Teig mindestens 1 Stunde gehen lassen.
2. Ein Backblech mit Backpapier auslegen. Den Teig in acht Portionen teilen, zu länglichen Brötchen formen und mit Wasser benetzen. In die Stangen mit einem Messer Streifen hineinschneiden. Nochmals gehen lassen.
3. Im vorgeheizten Backofen bei 200 °C etwa 20 Minuten backen.

VITAL
BRÖTCHEN

VITAL-BRÖTCHEN

gesund und lecker

Einfüllen

Das Dinkelvollkornmehl mit der Hefe und dem Zucker mischen. Anschließend die Zutaten in der angegebenen Reihenfolge in die Flasche füllen. Jede Schicht gut andrücken. Die Flasche verschließen und verzieren.

Verzieren

1 Das weiße Leinenband an der schmalsten Stelle der Flasche um den Flaschenhals kleben.

2 Den Anhänger mit dem Bänderstempel beschriften.

3 Den Anhänger über dem Leinenband am Flaschenhals befestigen.

ZUTATEN

Für 10 Brötchen

WECK-Saftflasche (530 ml)

125 g Dinkelvollkornmehl

1/2 Päckchen Trockenhefe

1/2 EL Zucker

1/2 TL Salz

125 g Weizenmehl (Type 405)

40 g Leinsamen, geschrotet

20 g Sesam

50 g Sonnenblumenkerne

ZUM BACKEN

20 g Butter

175 g lauwarmes Wasser

MATERIAL

grobes Leinenband in Weiß, 3 cm breit, 12 cm lang

geöster Kraftpapieranhänger, 6 cm x 3 cm

Alphabet-Bänderstempel

Stempelkissen in Schwarz

Bastelkleber

Backen

1 Die Backmischung mit Butter und lauwarmem Wasser zu einem Teig verkneten. Den Teig mindestens 1 Stunde gehen lassen.

2 Ein Backblech mit Backpapier auslegen. Den Teig in acht Portionen teilen, zu länglichen Brötchen formen und mit Wasser benetzen. In die Brötchen mit einem Messer Streifen hineinschneiden. Nochmals gehen lassen.

3 Im vorgeheizten Backofen bei 200 °C etwa 20 Minuten backen.

FiTNESS-BROT

mit würzigem Bärlauch-Aroma

ZUTATEN

Für 1 Brot

WECK-Saftflasche (1062 ml)

250 g Dinkelvollkornweizen-mehl

1 Päckchen Trockenhefe

1 TL Zucker

2 g Bärlauch, getrocknet und klein geschnitten

100 g Buchweizenmehl

50 g Kichererbsenmehl

50 g Weizenmehl (Type 405)

100 g Roggenmehl (Type 997)

20 g Flohsamen

1/2 TL Salz

ZUM BACKEN

2 EL Rapsöl

1 EL Weißweinessig

175 ml lauwarmes Wasser

MATERIAL

Wellpappe in Braun, 14 cm x 8 cm

Fotokartonreste in Weiß und Türkis

2 Alphabetstempelsets

Stempelkissen in Türkis und Schwarz

Satinband in Türkis und Grün, je 4 mm breit und 26 cm lang

ca. 16 Klebepads, 1 mm stark

Cuttermesser mit Scheideunterlage oder Schere

Ösenzange

ggf. 2 Metallösen

Einfüllen

Das Dinkelvollkornmehl mit der Hefe und dem Zucker mischen. Einfüllen und gut andrücken. Den Bärlauch dazugeben und andrücken. Die restlichen Zutaten mischen und andrücken. Die Flasche verschließen und verzieren.

Verzieren

1 Die Wellpappe mit Klebepads um den Bauch des Glases kleben.

2 Den weißen Karton in Türkis mit „Fitness" und in Schwarz mit „Brot" bestempeln. Anschließend ein ovales Etikett daraus zuschneiden. An den Ecken abflachen. Das Etikett mit Klebepads auf den türkisfarbenen Karton kleben und diesen wie einen Rahmen zuschneiden. Auf beiden Seiten mit der Ösenzange lochen, ggf. jeweils eine Metallöse einschlagen. Die Satinbänder durch die Ösen ziehen.

3 Das Etikett um die Wellpappe legen und auf der Rückseite mit einer großen Schleife festbinden.

Backen

1 Die Backmischung mit Rapsöl, Weißweinessig und lauwarmem Wasser zu einem Teig verkneten. Den Teig mindestens eine Stunde gehen lassen.

2 Eine Kastenform (30 cm) einfetten und mit Mehl ausstäuben. Den Teig in die Kastenform geben, mit Wasser benetzen und Streifen einschneiden. Nochmals gehen lassen.

3 Im vorgeheizten Backofen bei 220 °C etwa 60 Minuten backen.

FITNESS Brot

SESAM-ZWIEBEL-GRISSINI

pures Knabbervergnügen

ZUTATEN

Für 15 Grissini

WECK-Delikatessenglas (370 ml)

3 EL Sesamsaat, ungeschält

125 g Dinkelmehl

1/2 Päckchen Trockenhefe

1/2 TL Zucker

50 g Weizenvollkornmehl

1/2 TL Salz

3 EL Röstzwiebeln (Fertigprodukt)

ZUM BACKEN

100 ml lauwarmes Wasser

3 EL Olivenöl

MATERIAL

Fotokartonreste in Hellgrau und Beige

Dekoband in Braun-Weiß kariert, 2 cm breit, 7 cm lang

Jutekordel in Natur, 3 mm stark, 60 cm lang

Motivstanzer „Kreis", ø 5 cm (2 Zoll)

Motivstempel Zwiebel und „Guten Appetit"

Stempelkissen in Braun und Schwarz

Ösenzange

ggf. Metallöse

Bastelkleber

Schere

Einfüllen

Die Sesamsaat in einer beschichteten Pfanne ohne Fett goldgelb rösten. Abkühlen lassen. Das Dinkelmehl mit der Hefe und dem Zucker mischen. Eine Hälfte der Dinkelmehlmischung in das Glas füllen. Das Weizenvollkornmehl und das Salz hinzufügen und andrücken. Zum Schluss nacheinander die ausgekühlte Sesamsaat, die Röstzwiebeln und das restliche Dinkelmehl einfüllen und jede Schicht andrücken. Das Glas verschließen und verzieren.

Verzieren

1. Aus dem grauen Karton einen Kreis ausstanzen und den Zwiebelstempel einmal in Braun und einmal in Schwarz abdrucken. Den Kreis auf den Glasdeckel kleben.
2. Den beigen Karton mit dem Schriftzug in Schwarz bestempeln und ein Etikett (5 cm x 2 cm) zurechtschneiden. Mit der Ösenzange lochen, ggf. eine Metallöse einschlagen und zusammen mit dem Dekoband und der Jutekordel am Glas befestigen.

Backen

1. Die Backmischung mit Wasser und Olivenöl zu einem glatten Teig verarbeiten. Diesen zu einer Kugel formen und abgedeckt gehen lassen.
2. Den Teig auf einer bemehlten Arbeitsfläche kräftig durchkneten. Zu einem flachen Rechteck (25 cm x 15 cm) ausrollen und mit einem Messer in 1 cm dünne Streifen schneiden. Die Streifen seitlich mit den Händen zu dünnen Stangen rollen.
3. Die Stangen auf ein mit Backpapier ausgelegtes Blech legen und im vorgeheizten Ofen bei 180 °C etwa 15 Minuten backen.

WELLNESS-KNÄCKEBROT

das lieben selbst Frühstücksmuffel!

ZUTATEN

Für 10-12 Scheiben

WECK-Sturzglas (580 ml)

100 g Dinkelvollkornmehl

100 g Roggenmehl

40 g Sonnenblumenkerne

30 g Sesamsaat, ungeschält

30 g Mohnsaat

50 g Kichererbsenmehl

1 TL Salz

ZUM BACKEN

3 EL Olivenöl

300 ml lauwarmes Wasser

MATERIAL

Tonpapier in Natur, A4

Spitzenband in Schwarz, 3 cm breit, 20 cm lang

Motivstanzer „Kreis", ø 7,5 cm (3 Zoll)

Ösenzange

ggf. Metallöse

Verzieren

1. Mit dem Computer die Schriftzüge auf einer Fläche von 8 cm x 8 cm gestalten und auf Tonpapier ausdrucken. Vorlagen für schöne Alphabete gibt es unter dem Schlagwort „Fonts" im Internet.
2. Den Schriftzug ausstanzen und oben einmal lochen. Ggf. eine Metallöse einschlagen.
3. Das schwarze Spitzenband durch das Loch bzw. die Öse ziehen und das Etikett mit dem Band am Glasrand befestigen

Einfüllen

Eine Hälfte des Dinkelvollkornmehls in das Glas geben und andrücken. Eine Hälfte des Roggenmehls einfüllen, anschließend nacheinander die Sonnenblumenkerne, die beiden Saaten und das Kichererbsenmehl. Jede Schicht andrücken. Die andere Hälfte des Roggenmehls hinzufügen und andrücken, zum Schluss den Rest des Dinkelvollkornmehls einfüllen.

Backen

1. Die Backmischung mit Olivenöl und lauwarmem Wasser zu einem recht flüssigen Teig verarbeiten.
2. Ein Backblech mit Backpapier auslegen, den Teig darauf gießen und gleichmäßig verstreichen.
3. Im vorgeheizten Backofen bei 220 °C 20-30 Minuten backen.
4. Die Brotplatte aus dem Ofen nehmen und sofort in rechteckige Stücke schneiden. Die Knäckebrotscheiben vom Backpapier lösen und auf dem Ofengitter noch einmal 10-15 Minuten backen.

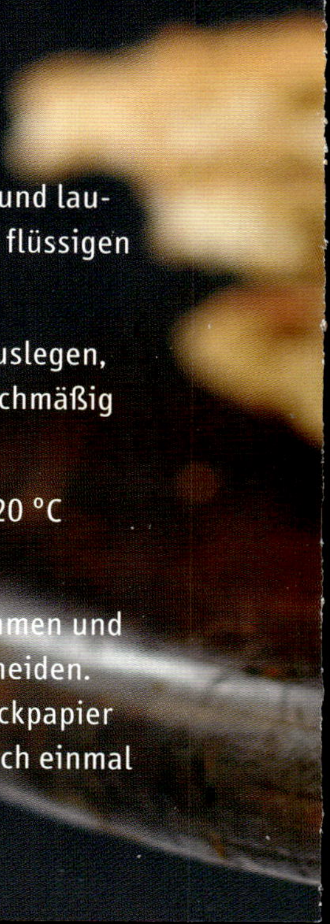

KNÄCKEBROT

KREATiV.iNSPiRATiON.

Inspirierende Bücher für kreative Menschen! In unserer Reihe KREATIV.INSPIRATION. finden Sie die schönsten Anleitungen zu beliebten Kreativtechniken. Auf jeder liebevoll gestalteten Seite erwartet Sie eine neue Welt voller Kreativität und eine Fülle an Ideen zum Nachmachen. Lassen Sie sich inspirieren!

TOPP 7582
ISBN 978-3-7724-7582-5

TOPP 6412
ISBN 978-3-7724-6412-6

TOPP 6415
ISBN 978-3-7724-6415-7

TOPP 7569
ISBN 978-3-7724-7569-6

TOPP 6407
ISBN 978-3-7724-6407-2

TOPP 5990
ISBN 978-3-7724-5990-0

TOPP 7616
ISBN 978-3-7724-7616-7

TOPP 6405
ISBN 978-3-7724-6405-8

TOPP 7617
ISBN 978-3-7724-7617-4

TOPP 7593
ISBN 978-3-7724-7593-1

TOPP 7618
ISBN 978-3-7724-7618-1

TOPP 7602
ISBN 978-3-7724-7602-0

UNSERE BUCHTIPPS FÜR SIE

Entdecken Sie die ganze Welt der Kreativität! Weitere Buchtipps und Informationen zu aktuellen Bastel- und Backentrends finden Sie auch im Internet unter www.topp-kreativ.de.

TOPP 7915
ISBN 978-3-7724-7915-1

TOPP 8002
ISBN 978-3-7724-8002-7

TOPP 8004
ISBN 978-3-7724-8004-1

TOPP 8007
ISBN 978-3-7724-8007-2

TOPP 8013
ISBN 978-3-7724-8013-3

TOPP 8012
ISBN 978-3-7724-8012-6

TOPP 8014
ISBN 978-3-7724-8014-0

TOPP 8026
ISBN 978-3-7724-8026-3

DIE AUTORINNEN

Annika Flebbe lebt mit ihrer Familie auf einem Hof in der Nähe von Hannover. Als sie vor gut 20 Jahren ihren ersten Motivstempel entdeckte, begann sie ihre Hobbys wie z. B. Buchbinderei, Kalligrafie und Malerei mit der Stempeltechnik zu kombinieren. Papier ist dabei immer die Basis. Mittlerweile leitet sie Workshops und teilt ihre Ideen im Blog: www.flebbeart.de

Anne Iburg ist Autorin mehrerer Kochbücher und Ernährungsratgeber. Sie studierte an der Universität Bonn Oecotrophologie und arbeitete in einem Kochstudio und in einem Ratgeberverlag, bevor sie sich vor mehr als zehn Jahren selbständig machte. Heute lebt sie mit ihrer Familie in Kaiserslautern und kocht und backt für ihr Leben gerne.

DANKE!
WIR DANKEN DER FIRMA WECK FÜR DIE FREUNDLICHE BEREITSTELLUNG DER GLÄSER.

IMPRESSUM

FOTOS: frechverlag GmbH, 70499 Stuttgart; lichtpunkt, Michael Ruder, Stuttgart
PRODUKTMANAGEMENT: Madeleine Fritz
LEKTORAT: Katja Schüler, Madeleine Fritz
REZEPTE: Anna Iburg
VERZIERUNGEN: Annika Flebbe
REIHENLAYOUT: Katrin Röhlig
SATZ: Katrin Röhlig
DRUCK UND BINDUNG: Drukarnia Dimograf Sp.zo.o./Polen

Download-Code zum Freischalten der Vorlagen: 17264

1. AUFLAGE 2016

ISBN 978-3-7724-8015-7 • BEST.-NR. 8015